LES MONSIEUR MADAME aux États-Unis

MONSIEUR MADAME

Publié pour la première fois par Egmont en 2019 sous le titre *Mr Men – USA Road Trip*

LES MONSIEUR MADAME aux États-Unis

Roger Hargreaves

Écrit et illustré par Adam Hargreaves

hachette
JEUNESSE

Madame Boute-en-Train avait décidé de faire un grand voyage aux États-Unis avec ses amis. Comme elle voulait visiter tout le pays, elle acheta un grand van.

Bien évidemment, monsieur Grincheux grommela : il le trouvait trop petit.

– Nous allons voir beaucoup de choses amusantes ! annonça madame Boute-en-Train.

– Est-ce qu'on ira à Hollywood ? demanda madame Vedette.
– Oui, ce sera notre dernière étape, déclara madame Boute-en-Train. Mais nous allons d'abord nous arrêter à...

… New York !

Madame Boute-en-Train et ses amis montèrent tout en haut de l'*Empire State Building*. Ils montèrent aussi en haut du *Chrysler Building*. Et ils grimpèrent au sommet de la Statue de la Liberté.
Tout était très haut à New York.

Monsieur Nigaud n'apprécia pas beaucoup l'altitude !

Et monsieur Grincheux se plaignit de tous les escaliers qu'il eut à monter.

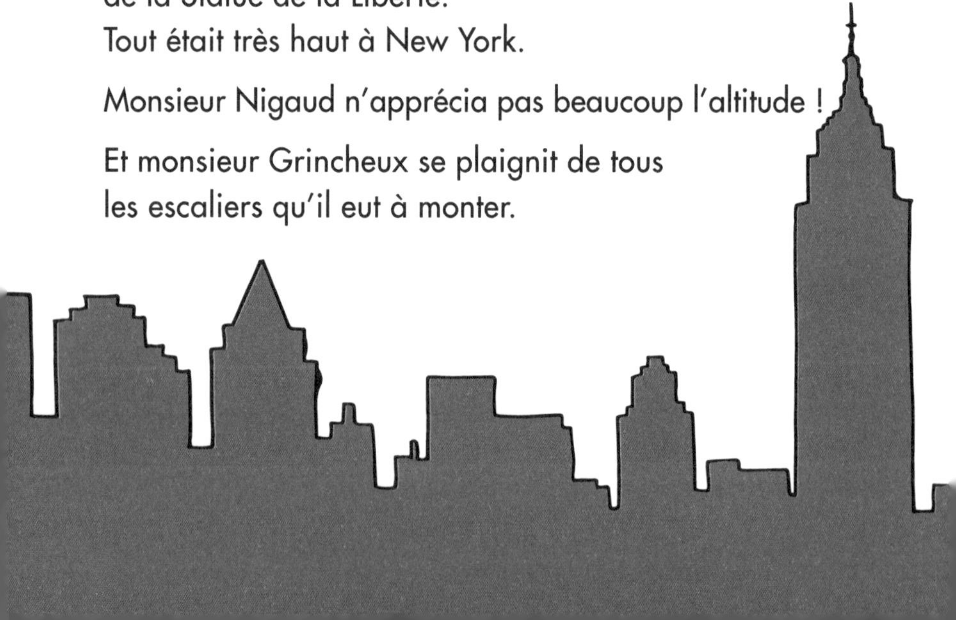

Ensuite, ils s'arrêtèrent à Washington.
Ils purent y admirer le *Washington Monument*.

Monsieur Malchance le regarda.
Il était tellement grand.

Il se recula donc pour avoir une meilleure vue.
Et tomba dans le miroir d'eau du *Lincoln Memorial*.

Plouf !

Monsieur Grincheux en fut tout éclaboussé.

Le lendemain, ils admirèrent justement l'endroit des États-Unis qui éclabousse le plus : les chutes du Niagara !

Madame Canaille persuada madame Chance de se mettre à l'eau dans un tonneau.
– On va bien s'amuser, ricana monsieur Grincheux.
– Ce sera drôle, insista madame Canaille.

Mais ce ne fut pas drôle du tout !
Ce fut même effrayant !
Pauvre madame Chance !

27
10

Ensuite, ils assistèrent à un match de baseball.

Monsieur Costaud fut excellent à la batte.
Il envoya la balle très haut dans le ciel.
Si haut que très vite, on ne la vit plus.

Monsieur Grincheux, lui, s'ennuya.

Puis, madame Boute-en-Train et ses amis se rendirent
au mont Rushmore.
Ils furent très impressionnés par les visages des présidents
gravés dans la pierre.

Et ils le furent encore plus lorsque monsieur Incroyable
sculpta le visage de madame Beauté à côté de celui
de George Washington.

– Voilà qui est très beau ! s'exclama madame Beauté.

– C'est surtout une belle perte de temps, bougonna
monsieur Grincheux.

Ils avaient encore beaucoup d'autres endroits magnifiques à voir durant leur voyage.

– Regardez ! s'écria madame Follette le lendemain soir. C'est un arc-en-ciel en argent !

Mais ce n'était pas un arc-en-ciel.
C'était l'arche de Saint-Louis. Elle était immense.

Bien plus grande que les bras extraordinairement longs de monsieur Chatouille.

Monsieur Grincheux n'apprécia pas du tout les chatouilles !

Ils firent un tour sur un bateau à vapeur.

En montant sur la passerelle, monsieur Malchance bouscula madame Boute-en-Train qui tomba dans l'eau.

– Au secours ! Une Madame dans le Mississippi !
hurla monsieur Malchance

Monsieur Grincheux eut quant à lui le mal de mer.

– Ne devrions-nous pas nous diriger vers l'ouest pour aller à Hollywood ? ronchonna monsieur Grincheux le lendemain.

Madame Boute-en-Train ne roulait pas vers l'ouest, en effet.
Elle roulait vers le sud.
Ils se dirigeaient vers la Nouvelle-Orléans.

Monsieur Bruit adora la Nouvelle-Orléans.
On entendait jouer du jazz très fort dans les rues.
Monsieur Bruit devint le trompettiste le plus bruyant de la Nouvelle-Orléans !

Monsieur Grincheux se plaignit du bruit, de son côté.

Quand ils arrivèrent au Grand Canyon, monsieur Grincheux dut subir l'écho le plus fort de sa vie.

Le Grand Canyon était le canyon le plus profond du monde. Le chemin jusqu'au fond était vraiment très long.

– Faites attention, monsieur Malchance ! s'écria madame Boute-en-Train. Ne vous approchez pas trop du bord !

– C'est beaucoup trop dangereux, grommela monsieur Grincheux, refusant de quitter le van.

Madame Boute-en-Train emmena ensuite ses amis dans les montagnes Rocheuses.

– Ce voyage va-t-il se terminer un jour ? grogna monsieur Grincheux.

Ils se rendirent au parc Yellowstone pour voir un geyser qui s'appelait *Old Faithful*. Mais, par malchance, monsieur Malchance s'approcha un peu trop près du geyser !

Le lendemain, ils traversèrent le célèbre Golden Gate pour se rendre à San Francisco.

Monsieur Glouton fut très heureux de prendre le téléphérique pour aller au sommet de la colline. Sans cela, la promenade aurait été bien trop longue pour lui.

La vue était fantastique de là-haut.
Tout comme le homard !

– Je n'aime pas le homard, maugréa monsieur Grincheux.

Cette nuit-là, ils campèrent dans le parc national de Yosemite. Les ours se comportèrent très bien…

… après avoir rencontré madame Autoritaire !

– Je voudrais dormir dans un lit, grommela monsieur Grincheux.

– Courage, l'encouragea monsieur Aventure, c'est une belle aventure !

L'aventure se poursuivit quand ils firent une pause sur l'autoroute et que monsieur Génial les emmena surfer sur l'océan Pacifique.

L'océan Atlantique leur sembla soudain très loin.

Monsieur Génial était un excellent surfeur.

Monsieur Étonnant eut un peu plus de difficultés.

Et bien sûr, monsieur Grincheux détesta se mouiller.

Madame Vedette était tout excitée quand ils atteignirent enfin Hollywood.

Et, bien sûr, elle devint immédiatement une vedette.
Elle ne s'appelle pas madame Vedette pour rien !
Elle eut même droit à sa propre étoile sur le *Walk of Fame*.

Tout le monde avait adoré le voyage !
Enfin, pas tout à fait tout le monde...
– Je suis désolée que vous ne vous soyez pas amusé, dit madame Boute-en-Train à monsieur Grincheux.
– Au contraire, je me suis bien amusé, lui répondit monsieur Grincheux.
– Mais vous vous êtes plaint à chaque étape ! s'exclama madame Boute-en-Train, très étonnée.

Madame Vedette

– Je ne suis jamais plus heureux que lorsque je peux râler, déclara monsieur Grincheux.

Et il sourit.

Son premier sourire en 3000 km !

RÉUNIS VITE LA COLLECTION ENTIÈRE

1 MME AUTORITAIRE
2 MME TÊTE-EN-L'AIR
3 MME RANGE-TOUT
4 MME CATASTROPHE
5 MME ACROBATE
6 MME MAGIE
7 MME PROPRETTE
8 MME INDÉCISE
9 MME PETITE

10 MME TOUT-VA-BIEN
11 MME TINTAMARRE
12 MME TIMIDE
13 MME BOUTE-EN-TRAIN
14 MME CANAILLE
15 MME BEAUTÉ
16 MME SAGE
17 MME DOUBLE
18 MME JE-SAIS-TOUT

19 MME CHANCE
20 MME PRUDENTE
21 MME BOULOT
22 MME GÉNIALE
23 MME OUI
24 MME POURQUOI
25 MME COQUETTE
26 MME CONTRAIRE
27 MME TÊTUE

28 MME EN RETARD
29 MME BAVARDE
30 MME FOLLETTE
31 MME BONHEUR
32 MME VEDETTE
33 MME VITE-FAIT
34 MME CASSE-PIEDS
35 MME DODUE
36 MME RISETTE

37 MME CHIPIE
38 MME FARCEUSE
39 MME MALCHANCE
40 MME TERREUR
41 MME PRINCESSE
42 MME CÂLIN
43 MME FABULEUSE
44 MME LUMINEUSE
45 MME INVENTION

DES **MONSIEUR MADAME**

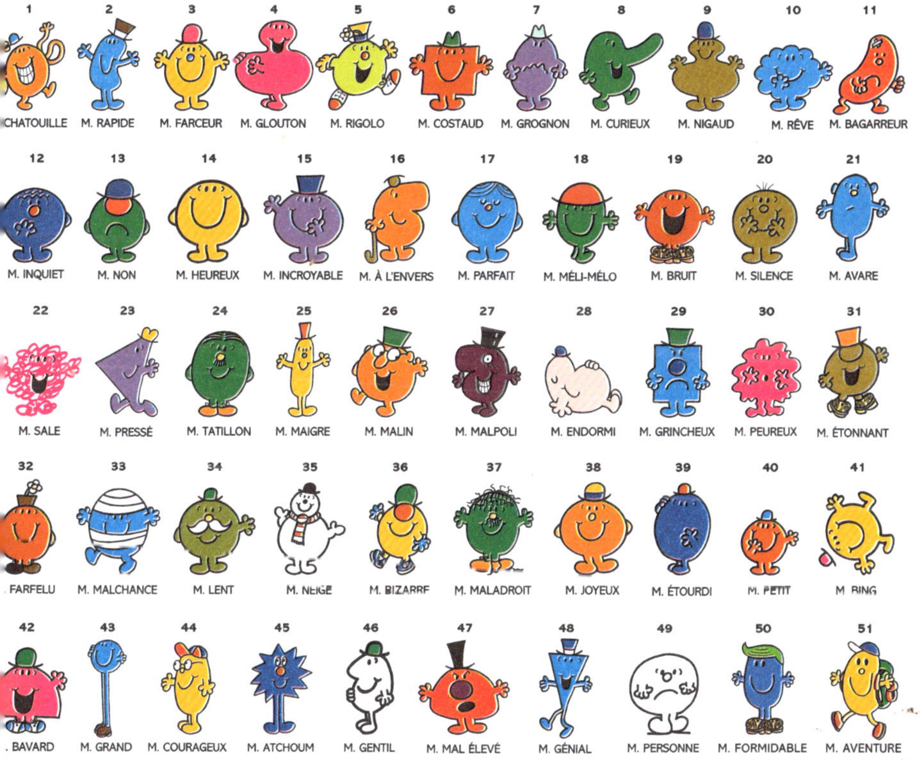

Édité par Hachette Livre, 58 rue Jean Bleuzen 92178 Vanves Cedex.
Dépôt légal : juin 2019.
Loi n° 49-956 du 16 juillet 1949 sur les publications destinées à la jeunesse.
Achevé d'imprimer par Canale en Roumanie.